Bibliografische Information der Deutschen Nationalbibliothek
Die Deutsche Nationalbibliothek verzeichnet diese Publikation in der Deutschen Nationalbibliografie; detaillierte bibliografische Daten sind im Internet über http://dnb.d-nb.de abrufbar.

Das Gesamtprogramm
von Butzon & Bercker
finden Sie im Internet unter
www.bube.de

ISBN 978-3-7666-2598-4

© 2019 Butzon & Bercker GmbH, Hoogeweg 100, 47623 Kevelaer, Deutschland, www.bube.de
Alle Rechte vorbehalten.
Umschlaggestaltung: Werner Dennesen, Weeze
Layout, Gestaltung und Satz: Kontrapunkt Satzstudio Bautzen
Printed in Poland

Petra Stadtfeld

Spirituelle
KRAFTQUELLEN

— WORAN ICH GLAUBE —

Butzon & Bercker

INHALT

EINFÜHRENDE GEDANKEN

Seiner Spur folgen 12

AUF DIE HALTUNG KOMMT ES AN

Stress entsteht vor allem im Kopf	16
Das kleine ICH BIN	21
Gelassen mich lassen	24
◖ Übung: *Als ich Kind war*	25

VERTRAUEN STATT SELBSTZWEIFEL

Alles im Lot?	28
◖ Übung: *Mein persönlicher Stresspegel*	31
Was uns in die Enge führt	32
Hingabe	34
Vertrauen	36

SICH SELBST ANNEHMEN

Ich bin gut so, wie ich bin	40
Ja zum Leben	42
Auf festem Fundament	43
◀ Übung: *Mich mit Gottes Augen sehen*	44
Du bist genug	45
Ganz sein	46
Das Wunder des Lebens	47

DAS POSITIVE SEHEN

An sich selber glauben	50
◀ Übung: *Welche Farben hat mein Leben?*	53
Die Seele nachkommen lassen	55
Zur Mitte finden	57
◀ Übung: *Den Körper spüren*	58

GESCHENKTE ZEIT

Zeit haben	64
Heute	65
Erfüllte Zeit	66
◖ Übung: *Zeitkuchen*	68
Erfüllt oder leer?	70
◖ Übung: *Zeit für Gott*	71
Garten der Gnade	73

GLÜCKSMOMENTE GENIESSEN

Da sein	76
Den Augenblick leben	77
Jeden Morgen neu	79
◖ Übung: *Einen besonderen Moment nacherleben*	80
◖ Übung: *Die sieben Gesetze des Glücks*	82
Einfach so	84
Du	85

KRAFT, DIE AUS DER STILLE KOMMT

Ankommen	88
Sich in der Stille sammeln	89
Stille wird werden	91
◐ Übung: *Auszeiten planen*	93
Ich bin bereit	94
Wahrnehmen	96

SPIRITUELLE KRAFTQUELLEN ENTDECKEN

Das Tempo verlangsamen	100
Im Kraftfeld der Liebe	102
◐ Übung: *Meine persönliche Gottesbeziehung*	106
Nie allein	109
Mit Gottes Hilfe	110
Ein Funke genügt	111

ÜBUNGEN IM ALLTAG

Den Tag mit Dank beginnen	114
Sich unter den Segen Gottes stellen	116
Gelassener unterwegs	117
Gottes Güte verkosten	118
Den Tag zurücklegen in Gottes Hand	119
Besser einschlafen	120
Staunen lernen	121

EINFÜHRENDE GEDANKEN

SEINER SPUR FOLGEN

Leiden Sie häufig unter Stress? Dann geht es Ihnen so wie vielen Menschen. Stress ist ein modernes gesellschaftliches Phänomen und gehört mittlerweile zu den größten gesundheitlichen Risikofaktoren. Es begegnet uns in fast allen Lebensbereichen: in der Schule, am Arbeitsplatz, im Straßenverkehr. Selbst in der Freizeit und in unseren Beziehungen taucht das Problem auf. Doch was hat Stress mit dem christlichen Glauben zu tun? Wäre es nicht allzu naiv, anzunehmen, dass der Glaube uns weiterhelfen und Gott uns aus der Stressspirale befreien kann? Doch warum nicht?

GLAUBE IST LEBENSHILFE UND GOTTVERTRAUEN IST DER SCHLÜSSEL ZU MEHR GELASSENHEIT UND EINEM INNEREN FRIEDEN, DEN DIE WELT NICHT GEBEN KANN.

Nach Johannes 14,27

Eine lebendige Gottesbeziehung kann tragfähiger sein als manche Techniken und Verhaltenstipps aus dem Bereich des Stressmanagements. Wer schwer zu tragen hat und ausgebrannt und müde ist, ist eingeladen, zur Quelle zu gehen und aufzutanken *(nach Matthäus 11,28)*.

Gott selbst ist die Quelle, aus der wir schöpfen können. Verbunden mit ihm und in seiner Kraft, lassen sich die Lasten des Alltags besser tragen.

JESUS IST DER WEG,

DER UNS AUS DER ENGE IN DIE WEITE,

AUS DEM DUNKEL INS LICHT,

AUS DER ANGST INS VERTRAUEN FÜHRT.

Ich lade Sie ein, dieser Spur nachzugehen.

Ihre Petra Stadtfeld

AUF DIE HALTUNG KOMMT ES AN

*Es sind nicht die
Dinge oder Ereignisse
an sich, die uns beunruhigen,
sondern die Einstellungen
und Meinungen, die wir
zu den Dingen haben.*

Epiktet

STRESS ENTSTEHT VOR ALLEM IM KOPF

Stress entsteht vor allem im Kopf. Wir haben unsere eigene Sicht auf die Dinge und bewerten Situationen vor allem nach unseren Erfahrungen.

Wir wissen, was wir uns zutrauen können und was nicht. Das bewahrt uns vor Selbstüberschätzung und Überforderung. Doch wir brauchen auch Herausforderungen, um uns weiterzuentwickeln. Gott hat uns bestimmte Charismen und Fähigkeiten geschenkt, mit denen wir unser Leben gestalten können. Es gilt herauszufinden, wozu wir berufen sind, was wir können und was wir gerne tun. Unser Leben hat einen Sinn unabhängig von Leistung und Erfolg. Auch wenn wir nicht in die Geschichtsbücher der Welt eingehen werden, so haben wir doch einen festen Platz in der Heilsgeschichte Gottes. Aus dem christlichen Glauben heraus betrachtet, sind wir sogar Teil der Ewigkeit. „Think big – denk größer." Wir stehen in einem großen Sinnzusammenhang, aus dem wir nicht herausfallen können.

Aus dieser gläubigen Grundhaltung heraus eröffnen sich uns neue Wege und ungeahnte Möglichkeiten.

THINK BIG — DENK
GRÖSSER.

Der Alltag verstellt uns oft den Blick auf das große Ganze und die Einmaligkeit und Größe unseres Lebens. Äußere Faktoren wie Zeitdruck, ein hohes Arbeitspensum, soziale Konflikte usw. lösen Stress aus und engen uns ein. Mit bestimmten Denkmustern, die wir verinnerlicht haben, setzen wir uns oft noch selbst unter Druck:

- *Sei perfekt, sonst bist du nichts wert!*

- *Du musst es allen recht machen, sonst wirst du nicht geliebt!*

- *Du musst besser sein als die anderen, sonst bist du nicht gut genug!*

- *Sei vorsichtig, damit du nicht die Kontrolle verlierst!*

Mit diesen „Glaubenssätzen" treiben wir uns an und entwerten unsere Persönlichkeit. Gott hat eine andere Sichtweise auf uns Menschen. Vor ihm müssen wir uns nicht beweisen. Gott macht uns keinen Druck, im Gegenteil. Wir dürfen uns ausprobieren und uns nach unserem eigenen Rhythmus entfalten, denn:

- Gott liebt uns so, wie wir sind.
  In seinen Augen sind wir wertvoll und teuer.
  Nach Jesaja 43,4

- Gott glaubt an uns. Für ihn sind wir Licht
  für die Welt.
  Nach Matthäus 5,14

- Gott ist stolz auf uns.
  Er hat uns zu seiner Ehre erschaffen.
  Nach Jesaja 43,7

- Gott lässt uns nicht allein.
  Er bleibt bei uns bis zum Ende unseres Lebens.
  Nach Matthäus 28,20

Unsere Schwachheit und Unvollkommenheit ist für Gott kein Makel, sondern das Einfallstor für seine Gnade und Barmherzigkeit. Wir müssen nicht erst besser oder frommer werden. Gott liebt uns so, wie wir sind. Es genügt, wenn wir tun, was wir können. Alles andere dürfen wir ihm überlassen. Er wird vollenden, was wir begonnen haben.

Bereits mit unseren GEDANKEN schaffen wir Atmosphäre. Was wir denken, wirkt.

DAS KLEINE ICH BIN

Am Anfang war die Sehnsucht und schuf das kleine ICH BIN. Das kleine ICH BIN wuchs heran und freute sich am Leben. Im Frühling spielte es unter den blühenden Bäumen. Im Sommer rannte es den bunten Schmetterlingen hinterher. Im Herbst ließ es Drachen aufsteigen. Und im Winter tanzte es mit den Schneeflocken, die vom Himmel fielen.

Das kleine ICH BIN war glücklich, denn das Leben war schön.

Doch eines Tages schlich sich unbemerkt eine dunkle Stimme in das kleine ICH BIN hinein.
„Was tust du da?", fragte die Stimme.
„Ich freue mich, dass ich bin."
„Das ist aber nicht genug.
„Warum denn nicht?", fragte das kleine ICH BIN.
„Du musst etwas leisten, sonst bist du nichts wert", sagte die Stimme.
Da tat das kleine ICH BIN, was es konnte und strengte sich dabei so sehr an, dass es die blühenden Bäume vergaß und die bunten Schmetterlinge nicht mehr sah.

Es hatte auch keine Zeit mehr, Drachen steigen zu lassen oder im Winter mit den Schneeflocken zu tanzen. So wurde es immer trauriger. Es spürte, dass etwas nicht stimmte.

„Reiß dich zusammen", sagte die Stimme.

Das kleine ICH BIN stand auf und mühte sich noch mehr. Doch mit jedem Tag wurde das Leben schwerer.

„So kann ich nicht weitermachen", sagte das kleine ICH BIN eines Tages und beschloss, nach langer Zeit wieder einmal einen Drachen steigen zu lassen.

„Das macht doch keinen Sinn. Du vergeudest nur deine Zeit." Da war sie wieder, die dunkle Stimme.

Und das kleine ICH BIN ging zurück an die Arbeit. Doch es wurde immer trauriger und weinte viel. Als es schon beinahe keine Tränen mehr hatte, flüsterte eine sanfte Stimme:

„Hallo, kleines ICH BIN. Schön, dass es dich gibt."

„Wer bist du?", fragte das kleine ICH BIN.

„Ich bin der ICH BIN DA. Mach dir keine Sorgen. Alles wird gut." Da lächelte das kleine ICH BIN, denn es wusste auf einmal wieder, worauf es ankam. Fröhlich lief es hinaus und spielte mit den Schmetterlingen.

Es ist gut,
die SORGEN so zu behandeln,
als ob sie NICHT DA wären:
das einzige Mittel,
ihnen ihre
WICHTIGKEIT
zu NEHMEN.

Rainer Maria Rilke

GELASSEN MICH LASSEN

Gelassen mich lassen,
um mich einzulassen
auf den,
der sich eingelassen hat
auf mich.

Gelassen loslassen,
was schwerfällt, sein lassen.

Gelassen ihn wirken lassen,
der mich nie losgelassen,
mich nie verlassen,
mich nie fallen gelassen hat.

ÜBUNG

Als ich Kind war

Schauen Sie zurück auf Ihre Kindheit.

Welche Glaubensbotschaften wurden Ihnen vermittelt? Vielleicht erinnern Sie sich an wiederkehrende Sprüche, Gesten, Rituale.

- Notieren Sie die positiven Botschaften auf einen grünen und die negativen auf einen roten Zettel und legen Sie beides zum Vergleich nebeneinander.

- Was fällt Ihnen auf?

- Welches Bild von Gott wurde Ihnen nahegebracht? Wie erging es Ihnen damit?

- Welche Auswirkungen hat die religiöse Prägung auf Ihre heutige Gottesbeziehung?

VERTRAUEN STATT SELBSTZWEIFEL

*Sobald wir lernen,
uns selbst zu vertrauen,
fangen wir an zu leben.*

*Johann Wolfgang
von Goethe*

ALLES IM LOT?

Es ist ein gutes Gefühl, im Lot zu sein, sich eins zu fühlen mit sich und der Welt. Doch das Leben ist ein Wechselspiel. Wir leben in der Spannung zwischen Höhen und Tiefen, Gelingen und Scheitern, Harmonie und Konflikt. Unser Herz braucht Stille und Vertrauen, damit es sich wieder beruhigen kann. Der Weg zur inneren Mitte beginnt damit, gut mit mir selbst in Kontakt zu sein und wahrzunehmen, was mich beschäftigt und bewegt, was ich denke und fühle. Alles, was aus meinem Inneren kommt, kann mich auch dorthin führen. Meine Gedanken, meine Empfindungen, meine Sehnsüchte, meine Ängste und meine Freuden haben ihre Gründe und ihre Berechtigung. Sie wollen gewürdigt sein. Ich darf meinen Gefühlen trauen, auch wenn sie mich manchmal beunruhigen. Sie sind die Spur, die mich zu mir selbst führt, zu dem, was ich brauche und was mir wichtig ist, weil sie von dem erzählen, was mir fehlt, woran ich leide und wonach ich mich sehne. Ich darf mir selber trauen, weil Gott mir vertraut. Er hat mir bereits alles geschenkt, was ich brauche, um wieder ins Lot zu kommen.

ACHTE
AUF DEINE GEDANKEN
UND GEFÜHLE.

SELBSTVERTRAUEN IST

VERTRAUEN AUF GOTT.

ER WIRD MICH DOCH NICHT STECKEN LASSEN.

Bettina von Arnim

Mein persönlicher Stresspegel

Schauen Sie auf die letzte Woche:

Wie hoch bewerten Sie
Ihren momentanen Stresspegel
auf einer Skala von 0 (kein Stress)
bis 10 (total gestresst)?

0   1   2   3   4   5   6   7   8   9   10

WAS UNS IN DIE ENGE FÜHRT

Wenn die Anspannung wächst und die Erholungsphasen zu kurz ausfallen, steigt unser Stresspegel. Dadurch können Aufgaben und Herausforderungen des Alltags zu unüberwindbaren Hindernissen mutieren, so dass wir uns am Ende des Tages leer und ausgebrannt fühlen. Herzstiche, Atemnot, Einschlafstörungen, häufige Kopf- oder Rückenschmerzen, innere Unruhe, Gereiztheit, kreisende Gedanken und ähnliche Warnsignale können auf eine Stressbelastung hinweisen. Auslöser können zum Beispiel Einsamkeit, Krankheit, Zeitdruck, Leistungsdruck, Streit, Arbeitslosigkeit, finanzielle Sorgen oder der Tod eines geliebten Menschen sein. Oft sind solche Situationen mit einer tiefen Angst (lateinisch „angustus" = eng) verbunden, die uns lähmt und uns die Lebensenergie nimmt, so dass wir immer antriebsloser werden. Angst nagt an unserem Selbstvertrauen und Selbstbewusstsein, indem sie uns einredet:

- *Du kannst das nicht.*
- *Du bist zu schwach.*
- *Du kannst nichts machen.*
- *Du bist zu unbedeutend.*
- *Das schaffst du nie.*

Je mehr Selbstzweifel wir haben, desto größer wird die Angst in uns. In der Folge sinkt unsere Selbstachtung. Wir fühlen uns wertlos und schwach und verlieren die Freude am Leben. Doch wie finden wir wieder heraus aus dieser Abwärtsspirale?

WENN ES EINEN GLAUBEN GIBT,
DER BERGE VERSETZEN KANN,
SO IST ES DER GLAUBE AN DIE EIGENE KRAFT.

Marie Freifrau von Ebner-Eschenbach

Hingabe

Sich im Vertrauen riskieren
den Absprung ins Leben wagen
ohne Sicherheit
ohne Garantie

Im freien Fall sich in die Liebe bergen
ohne Gewissheit
ob es gut geht

Sich dem Geheimnis nähern
mit der Hingabe
die nur eines kennt
Vertrauen

Du hast die Wahl vieler Wege. Der richtige ist der, den du gehst.

VERTRAUEN

Vertrauen braucht Nähe
in der ich sein kann
in der ich mich geborgen fühle
in die ich mich fallen lassen kann
in der ich mich aufgehoben weiß
und mich verletzlich zeigen darf

Vertrauen braucht Mut
Mut zum ersten Schritt
Mut, mich selbst zu riskieren
Mut, herauszutreten aus dem Ich-Hof
und die Tür zum Du hin zu öffnen

Vertrauen braucht Weite
Weite, die mich in die Freiheit führt
und über mich hinaus weist
Weite, die meiner Sehnsucht Raum gibt
und mich sein lässt, wie ich bin

SICH SELBST ANNEHMEN

Alle Liebe dieser Welt ist auf Eigenliebe gebaut.

Meister Eckhart

ICH BIN GUT SO, WIE ICH BIN

Ein wichtiger Schritt hin zu einer verbesserten Stressbewältigung beginnt damit, dass wir uns selbst so annehmen, wie wir sind, und unser Leben wertschätzen, so wie es sich entwickelt hat. Doch das ist nicht so leicht, weil wir uns selbst oft sehr kritisch sehen und unzufrieden sind. Wie wir zu uns selber stehen, zeigt sich vor allem dann, wenn uns etwas nicht gelingt, wenn wir Fehler machen und Schwäche zeigen. Nur mit einem ehrlichen und zugleich liebevollen Blick auf uns selbst kommen wir weiter. Wenn wir uns selbst verurteilen, verstärken wir nur den Druck, den das Gefühl des Scheiterns an sich schon mit sich bringt. Was wir an uns oder unserem Leben ändern wollen, müssen wir zunächst einmal annehmen lernen, so wie es ist. Nur das, was wir zuvor bejaht haben, kann sich wandeln. Und so manches löst sich, wenn wir es loslassen.

AKZEPTIERE

DEIN LEBEN SO,

WIE ES IST.

JA ZUM LEBEN

> Es ändert sich nichts,
> solange ich nicht annehme, was ist.

> > Es geschieht nichts Neues,
> > solange ich das Alte nicht bejahe.

> Es kann sich nicht entfalten,
> was nicht sein darf.

> > Es wandelt sich nicht,
> > was ich nicht würdige.

> Es gibt kein Loslassen dessen,
> was ich nicht zuvor umarme.

> > Es wird nicht bei mir ankommen,
> > dem ich mich nicht öffne.

AUF FESTEM FUNDAMENT

Eine der größten geistlichen Herausforderungen besteht darin, sich selbst zu lieben und sein Leben anzunehmen, wie es ist. Gott hilft uns dabei, indem er uns lehrt, uns selbst und das Leben mit seinen Augen zu sehen. Unser Leben beginnt mit der Grundzusage Gottes, dass wir gut sind, so wie er uns erschaffen hat *(nach Genesis 1,31)*. Wir sind von Gott gewollt und geliebt. Auf diesem Fundament basiert unsere Würde und innere Größe, die nichts und niemand schmälern kann.

WENN DU TUST,
WAS DIR MÖGLICH IST,
HAST DU DAS BESTE
GETAN.

ÜBUNG

Mich mit Gottes Augen sehen

Sehen Sie in den Spiegel und schauen Sie sich an.

So sieht
ein Mensch aus,
der von Gott
bedingungslos
geliebt ist.

Wie geht es Ihnen mit dieser Zusage?

DU BIST GENUG

Weil du bist, wer du bist,
hast du es nicht nötig
zu vergleichen,
andere herabzusetzen,
um selbst größer zu erscheinen.

Weil du bist, wer du bist,
brauchst du dich nicht zu bescheiden,
deine Talente zu verbergen,
nur um nicht aufzufallen und beliebt zu sein.

Weil du bist, wer du bist,
musst du nicht immer stark sein
und ständig funktionieren,
damit alle mit dir zufrieden sind.

Weil du bist, wer du bist,
findest du deine Würde in dir,
ist dein Wesen unnachahmlich
und deine Seele wunderschön.

Du bist wer, du bist. Das ist genug.

GANZ SEIN

Nimm dich mit, so wie du geworden bist. Auch das, was du liegen gelassen hast, nimm mit auf deinen Weg des Werdens. Alles will hineingenommen sein ins Einssein, nach dem du strebst. Alles ist wichtig. Alles darf sein. Alles, was du gesagt und getan, verschwiegen und gelassen hast. Alles, was du gewonnen und verloren hast – nimm es mit hinein in dein Werden und Wachsen. Halte Gott alles hin, so wie es ist. Er wird es nehmen und lieben und heilen, damit du ganz sein kannst.

DAS WUNDER DES LEBENS

Geh ins Leben
lass dich nicht beirren
traue dem tiefen Erkennen
folge den Wesensspuren

Geh ins Leben
lebe, liebe, leide
sei ganz du
in deinem Suchen
lass dich finden

und wisse:
du bist das Wunder

Das Positive sehen

Denke nicht so oft an das, was dir fehlt, sondern an das, was du hast.

Marc Aurel

AN SICH SELBER GLAUBEN

Jeder Mensch hat seine Talente und Begabungen. Doch wir neigen dazu, eher den Mangel zu sehen, das, was wir nicht können und nicht haben, anstatt auf das zu schauen, was uns bereits geschenkt ist und worin wir gut sind. Das Negative liegt uns oft näher als das Positive.

> Machen Sie doch einmal mit folgender Übung die Probe aufs Exempel:
> Notieren Sie stichwortartig Ihre *Stärken*. Dann listen Sie auf, was Sie an sich als *Schwäche* wahrnehmen. Nun vergleichen Sie beides miteinander. Was überwiegt? Die positiven oder die negativen Eigenschaften?

NUTZE DIE TALENTE, DIE DU HAST.
DIE WÄLDER WÄREN SEHR STILL, WENN NUR
DIE BEGABTESTEN VÖGEL SÄNGEN.

Henry van Dyke

SIEH AUF DAS, WAS DU KANNST!

EINE POSITIVE SICHTWEISE AUF UNS SELBST UND DAS LEBEN WEITET DEN BLICK FÜR DAS GUTE UND LÄSST UNS DANKBARER SEIN.

Vielen Menschen fällt es schwer, gut von sich selbst zu sprechen. Vielleicht liegt es daran, dass es zu sehr nach „Eigenlob stinkt", wie man so sagt. Es kommt in unserer Gesellschaft nicht gut an, wenn jemand allzu überzeugt von sich selbst ist. Doch wir brauchen ein gesundes Selbstbewusstsein, um die Herausforderungen des Lebens annehmen und bestehen zu können. Wenn wir uns selber nichts mehr zutrauen, wie wollen wir unsere Lebensziele erreichen?

Es geht nicht darum, die Realität schönzureden und das Schwere und Schmerzvolle zu ignorieren. Es geht um unser Lebensgefühl und darum, den Mut nicht zu verlieren und das Vertrauen in Gott und ins Leben. Denn dann haben wir den schweren Gedanken und Gefühlen etwas entgegenzusetzen.

ÜBUNG

Welche Farben hat mein Leben?

Das Leben hat viele Farben.
Welche Farben hat zurzeit Ihr Leben?

Malen Sie zu einer Musik, die Ihnen gefällt,
Ihr Leben in Farben auf ein großes Blatt Papier.

- Welche Farbe passt zurzeit am ehesten zu Ihrem Lebensgefühl? Geben Sie dieser Farbe so viel Raum, wie es jetzt für Sie stimmig ist.

- Welche Farben gibt es noch?
  Malen Sie diese ebenfalls ins Bild.

- Betrachten Sie Ihr Farbenwerk: Welche Farben und Formen zeigen sich? Wofür stehen diese? Welche Erfahrungen, welches Lebensgefühl stecken dahinter?

- Wiederholen Sie diese Mal-Übung nach einiger Zeit. Vergleichen Sie beide Bilder.
  Was hat sich verändert?

GOTT SPRICHT ZU UNS
IN DER **STILLE**
DES HERZENS
UND WIR ANTWORTEN
AUS DER **FÜLLE**
UNSERES
HERZENS.

Mutter Teresa

DIE SEELE NACHKOMMEN LASSEN

Unser Körper ist auf Bewegung programmiert. Es ist hinlänglich bekannt, dass körperliche und sportliche Aktivitäten wesentlich dazu beitragen, Stress abzubauen. Um die Gesundheit zu erhalten bzw. zu verbessern, treiben viele Menschen in ihrer Freizeit regelmäßig Sport, bringen mehr Bewegung in ihren Alltag und nutzen die verschiedensten Wellness-Angebote. Wir investieren viel Zeit und Geld in unser körperliches Wohlbefinden. Doch auch unser Geist und unsere Seele brauchen Aufmerksamkeit und Pflege, damit wir uns wohlfühlen können. Dabei geht es nicht um äußere Ablenkung und Zerstreuung, sondern vielmehr um innere Sammlung. Unsere Seele braucht Ruhe und Zeit, um nachzukommen angesichts der vielfältigen Reize, denen wir tagtäglich ausgesetzt sind. Wenn wir uns abseits vom Alltagslärm nach innen wenden, bekommen wir wieder Zugang zu den Tiefenschichten unseres Lebens. Wir kommen in Berührung mit uns selbst, unseren Gedanken und Gefühlen, unseren Fragen und unserer Sehnsucht und dem Geist Gottes, der in uns lebt und wirkt.

Meditation und Besinnung sind geistliche Übungen, die uns helfen können, unser Herz wieder zur Ruhe und in die Geborgenheit Gottes zu bringen.

> Wenn dein Herz wandert oder leidet,
> bring es behutsam an seinen Platz zurück
> und versetze es sanft in die Gegenwart Gottes.
> Und selbst dann, wenn du nichts getan hast
> in deinem Leben, außer dein Herz zurückzubringen
> und wieder in die Gegenwart Gottes zu versetzen –
> obwohl es jedes Mal wieder fortlief,
> wenn du es zurückgeholt hattest –,
> dann hat sich dein Leben wohl erfüllt.

Franz von Sales

Das Herz behutsam an seinen Platz zurückbringen. Wo ist der Platz, an dem Ihr Herz sein will?

WER DAS LEBT, WORAN ER GLAUBT, WIRD SICH SELBER FINDEN.

ZUR MITTE FINDEN

Lass mich in die Stille finden.
Ich möchte zur Ruhe kommen,
Atem holen, ausruhen vor dir.
Meine Kräfte sind aufgebraucht.
Ich bin müde geworden.

Lass mich zu dir finden.
Ich will nicht denken. Ich will nicht reden.
Ich möchte einfach nur da sein
und schweigen und hören.
Ich sehne mich nach deiner Nähe.
Ich suche Geborgenheit bei dir.

Lass mich wieder zu mir finden.
Zeige mir den Weg in meine innere Mitte.
Sieh, wo ich stehe. Sieh, wer ich bin.
Sei mir nahe.

ÜBUNG

Den Körper spüren

Bei der folgenden Körperwahrnehmungsübung geht es darum, die inneren Regungen bewusster wahrzunehmen und den eigenen Körper besser zu spüren. Sie hilft, sich zu sammeln und zur Ruhe zu kommen, indem wir unsere Sinne schärfen und auf die körperlichen Empfindungen und Regungen achten. Solche Leibübungen sind auch eine gute Einstimmung auf Gebet und Meditation. Je nach den räumlichen Möglichkeiten kann die Übung sitzend oder liegend durchgeführt werden.

Ich schließe meine Augen oder fixiere sie auf einen Punkt, damit sie ruhen können. Ich nehme wahr, wie ich jetzt da bin.

Ich atme!

Ich spüre meinen Atem und beobachte,
wie er ein- und ausströmt,
wie er von selbst kommt und geht.
Ich gebe mich hinein in den Fluss meines Atmens,
ohne ihn zu verändern. Ich lasse mich mit jedem
Ausatmen mehr und mehr los.

Ich höre!

Es ist still. Ich höre in die Stille.
Ich horche auf die Geräusche um mich herum.
Ich höre in mich hinein.
Gedanken kommen und gehen.
Sie kommen und ziehen weiter.
Ich höre, wie ich atme.
Ich höre, dass ich lebendig bin.
Vielleicht kann ich meinen Herzschlag
hören.

Ich fühle!

Ich fühle zu meiner Sitz- bzw. Liegefläche hin.
Ich spüre, wo ich in Kontakt bin.
Ich bin gehalten. Ich bin getragen.
Ich spüre die Wärme meines Körpers.
Vielleicht fühle ich mich kalt an.
Ich fühle meinen Körper.
Ich fühle in meinen Körper hinein.
Gibt es Verspannungen oder Schmerzen oder
fühle ich mich wohl in meiner Haut?

ÜBUNG

Ich werde mir aller Empfindungen bewusst,
die ich von Körperteil zu Körperteil wahrnehme,
vom Kopf bis zu den Füßen:

mein Gesicht
die Schultern
den Rücken
den rechten Arm
die rechte Hand
den linken Arm
die linke Hand
den Brustkorb
den Bauch
den rechten Oberschenkel
den linken Oberschenkel
den rechten Fuß
den linken Fuß

*Langsam beende ich die Übung.
Ich atme tief ein und aus, öffne die Augen
und strecke mich aus.*

Den Puls des eigenen Herzens fühlen.

RUHE IM INNERN,
RUHE IM ÄUSSERN.

Wieder Atem holen lernen,

das ist es.

Christian Morgenstern

GESCHENKTE ZEIT

Narren hasten,
Kluge warten,
Weise gehen in den
Garten.

Rabindranath Tagore

ZEIT HABEN

Zeit ist ein kostbares Gut, das uns nicht unbegrenzt zur Verfügung steht. Jede Minute, jeder Augenblick ist ein Geschenk. Viele Menschen leiden unter Zeitdruck. Zeitmangel ist ein bekanntes Phänomen geworden. Wann haben Sie zuletzt sagen müssen: „Ich habe keine Zeit"? Freie Zeit ist für viele die ersehnte Insel, fernab vom beschleunigten Zeitkarussell. Am Wochenende oder im Urlaub geht es in der Regel ruhiger zu. Wir brauchen Auszeiten, die frei sind von Arbeit und Terminen. Zeiten, in denen wir abschalten und uns erholen können von den Verpflichtungen des Alltags. Unsere Seele braucht Entschleunigung, damit sie nachkommen kann und wir mit uns selbst gut in Beziehung bleiben.

WAS DER ZEIT UNTERWORFEN IST, DAS GEBRAUCHE, WAS EWIG IST, DANACH STREBE.

Thomas von Kempen

HEUTE

Heute will ich die Blumen sehen,
die mir blühen auf meinem Weg.

Heute will ich mich am Leben erfreuen,
auch wenn ich nicht weiß, was morgen sein wird.

Heute will ich an andere Menschen denken,
denen es nicht so gut geht wie mir.

Heute will ich dankbar sein
und bewusst den Augenblick genießen.

Heute werde ich kämpfen, wenn es sein muss,
weil ich weiß, dass es sich lohnt.

Das Gestern ist vorüber.
Die Zukunft ist ungewiss.
LEBEN IST HEUTE.

ERFÜLLTE ZEIT

Im Griechischen gibt es zwei Begriffe für Zeit: Chronos und Kairos: die fließende Zeit und der Augenblick. Chronos ist die Dauer, die Zeit, die wir in Jahren, Tagen, Stunden messen. Kairos hingegen meint den erfüllten Augenblick, das, womit die Zeit gefüllt ist. Kairos ist die Zeit für etwas: Zeit der Begegnung, Zeit der Arbeit, Zeit des Spiels, Zeit des Gebets, auch Zeit des Sterbens. Diese Zeit bestimmt die Qualität unseres Lebens. Im religiös-philosophischen Sinne hat Kairos zudem die Bedeutung für den günstigen Zeitpunkt einer Entscheidung, dessen ungenutztes Verstreichen nachteilig sein kann. Wir sprechen von Zeitdruck und Zeitmangel in Verbindung mit der messbaren Zeit, von der wir manchmal das Gefühl haben, dass sie uns zwischen den Fingern zerrinnt, obwohl uns jeden Tag dieselbe Zeitdauer zur Verfügung steht, nämlich 24 Stunden. Womit ist Ihre Zeit gefüllt? Was erfüllt Sie?

NUTZE DEN TAG.

ÜBUNG

Zeitkuchen

Listen Sie doch einmal auf, was Sie in der Regel innerhalb einer Woche so alles tun. Wie viel Zeit investieren Sie wofür? Schlaf, Beruf, Haushalt, Hobby, Zeit mit Kindern, Freunde treffen, Telefonieren, Fernsehen, Lesen usw.

Dann malen Sie einen Kreis, der einen Kuchen symbolisieren soll, und tragen in entsprechend große „Stücke" Ihre Zeiten ein. Die Größe (jedes Kuchenstückes) soll etwa dem Anteil an Zeit entsprechen, die Sie von ihrer Gesamtzeit in diesen Lebensbereich investieren.

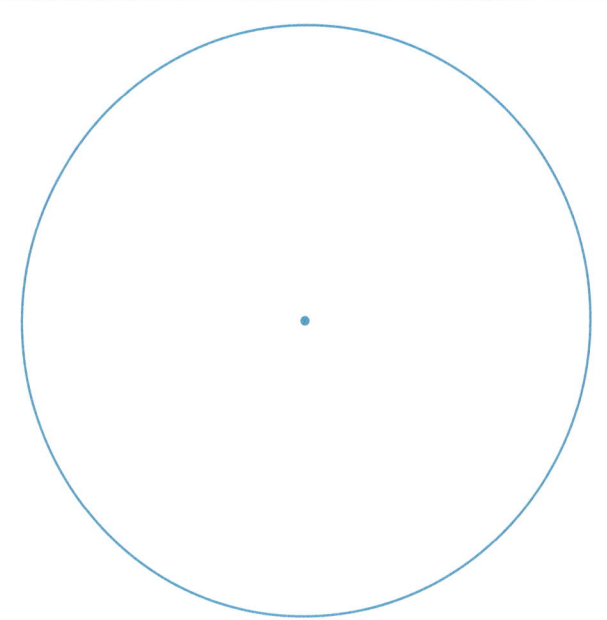

Lassen Sie das Bild auf sich wirken.

Was fällt Ihnen auf? Wo investieren Sie die meiste Zeit?
Was davon ist geplante und was ist zweckfreie Zeit?

Wo erleben Sie Kairos, erfüllte Augenblicke?
Wo erleben Sie Zeitdruck? Gibt es etwas, das Sie gerne ändern möchten?

ERFÜLLT ODER LEER?

Wenn du erfüllt bist
mit Leben
bis zum Rand,
lass es überfließen,
halte es nicht zurück.
Ströme aus
wie ein Fluss aus der Quelle.

Wenn du leer bist,
vertrocknet
bis auf den Grund,
sei vernünftig
und schone dich.

ÜBUNG

Zeit für Gott

Nehmen Sie sich Zeit für Gott,
indem Sie Jesus zu einem Spaziergang einladen.

Gehen Sie mit ihm in die Natur und reden Sie
mit ihm darüber, wie es Ihnen geht mit der Zeit,
die Gott Ihnen schenkt.

Was möchten Sie ihm sagen?
Was hat Jesus Ihnen zu sagen?

Mögest du
dir die Zeit
nehmen,
die stillen
Wunder
zu feiern,
die in der lauten Welt
keine Bewunderer haben.

Irischer Segenswunsch

GARTEN DER GNADE

Gott, pflanze mich ein in den Garten deiner Gnade,
schenke mir Geduld mit mir selbst,
dass ich mir Zeit gebe, zu wachsen und zu reifen.

Lass Liebe auf mich regnen
und mir die Sonne deines Friedens scheinen,
dass ich aufblühen und mich entfalten kann.

Lehre mich loszulassen, was durchlebt und verwelkt ist
und öffne meinen Blick für neues Wachstum.

Lass in der Blüte meiner Jahre die Berge von Wein
für mich triefen
und im Alter genug Wasser im Krug für mich sein.

GLÜCKSMOMENTE GENIESSEN

*Gib jedem Tag
die Chance, der schönste
deines Lebens
zu werden.*

Mark Twain

DA SEIN

Einfach da sein.
Nichts tun. In den Tag hinein leben.
Ohne Handy, ohne Terminkalender, ohne E-Mails.
Einfach abschalten und da sein,
ohne etwas leisten zu müssen.
Zeit für mich haben.
Jesus lädt mich ein, zu ihm zu kommen – so wie ich bin.
Bei ihm finde ich Ruhe. Hier kann ich auftanken.
Ich muss nicht reden und nichts schönreden.
Ich darf mich anlehnen und ablegen,
was mich bedrückt.

DAS GLÜCK DEINES LEBENS HÄNGT VON DER BESCHAFFENHEIT DEINER GEDANKEN AB.

Marc Aurel

DEN AUGENBLICK LEBEN

Eine wichtige Voraussetzung für wahren Genuss ist Hingabe und Loslassen-Können. Warum fällt es uns so schwer, richtig zu entspannen und das Leben zu genießen? Selbst die Genussmomente sind durchgeplant: ein Besuch im Restaurant, ein Wellness-Wochenende, das Telefongespräch mit einem Freund. Weil wir nichts dem Zufall überlassen, übersehen wir leicht, was uns zufällt, denn das Leben kommt uns entgegen. Wir sollten es uns erlauben, auch einmal unvernünftig zu sein, über die Stränge zu schlagen, uns im Augenblick zu verlieren oder beim Tanzen in Ekstase zu geraten. Alles loslassen und sich auf die Freude des Augenblicks einlassen, in dem so viel Kraft und Energie steckt. Wann haben Sie das letzte Mal etwas Ungeplantes und „Verrücktes" getan?

Verschieben Sie Ihr Leben nicht auf morgen. Genießen Sie den Augenblick und sehen Sie, was der heutige Tag Gutes mit sich bringt. Warten Sie nicht auf ein glückliches Leben. Öffnen Sie die Augen für die vielen Glücksmomente, die Gott Ihnen heute schenkt. Das kann auch ein Moment des Glaubens sein, wo Gott Sie berührt und Sie seine Liebe spüren.

AB UND ZU ETWAS „VERRÜCKTES" TUN

JEDEN MORGEN NEU

Jeder neue Morgen ist ein Geschenk.
Kein Tag ist wie der andere.
Jeder Tag ist einmalig
und kehrt nicht wieder.
Nichts ist selbstverständlich.
Alles ist uns geschenkt.
Ich will genau hinsehen.
Ich will aufmerksam bleiben,
im Hier und Jetzt leben.
HEUTE IST MEIN TAG.

HEUTE HATTE ICH GLÜCK –
IN VIELEN MOMENTEN.

ÜBUNG

Einen besonderen Moment nacherleben

Mit folgender Übung können Sie einen dieser besonderen Momente in der Erinnerung wieder aufleben lassen.

Nehmen Sie eine bequeme Sitzhaltung ein.
Kommen Sie zur Ruhe. Atmen Sie tief ein und aus.
Spüren Sie in Ihren Körper hinein. Entspannen Sie Ihre Muskeln. Lassen Sie alle Anspannungen los.
Schließen Sie Ihre Augen und erinnern Sie sich an eine Situation, einen Moment in Ihrem Leben, wo Sie glücklich waren, im Frieden mit sich und der Welt.
Das kann in letzter Zeit gewesen sein oder weiter zurückliegen. Nehmen Sie das, was Ihnen spontan in den Sinn kommt.

Erleben Sie diese Situation noch einmal.
Was war das für eine Situation? Wer war dabei?

Wo war das? Was haben Sie gesagt und getan?
Was haben Sie in dieser Situation wahrgenommen?
Was haben Sie gesehen und gehört?
Wie haben Sie reagiert? Wie haben Sie sich selbst erlebt?
Was hat das Ganze mit Ihnen gemacht?
Wie hat es sich angefühlt?

Genießen Sie diese Stimmung.
Genießen Sie das gute Gefühl.
Genießen Sie die Freude darüber.
Kosten Sie diesen besonderen Moment noch einmal aus.
Lassen Sie die positiven Empfindungen wachsen,
die jetzt in Ihnen entstehen.
Genießen Sie den wunderbaren Augenblick.

– Zeit lassen –

Nun stellen Sie sich darauf ein, langsam wieder
ins Hier und Jetzt zurückzukommen.
Atmen Sie tief ein und aus.
Öffnen Sie die Augen,
recken und strecken Sie sich.

ÜBUNG

Die sieben Gesetze des Glücks

Sowohl die moderne wissenschaftliche Forschung als auch die alten Mystiker und Denker kamen zu denselben Einsichten, woraus die Gesetzmäßigkeiten des Glücks bestehen und was sich daraus lernen lässt. Zu deren Erkenntnis gehören die sieben Gesetze des Glücks.

1. Alles im Leben ist ein Spiegel.
2. Niemand ist ein Opfer.
3. Was man glaubt, wird wahr.
4. Jeder bekommt, was ihm entspricht.
5. Ändern kannst nur du dich selbst.
6. Alles ist eine Übung.
7. Das Glück ist jetzt.

Welchen Gesetzmäßigkeiten können Sie zustimmen? Was sehen Sie anders? Wie definieren Sie Glück? Was macht Sie glücklich?

♡

Wir sprechen von einer
HALTUNG DES HERZENS,
das alles mit gelassener
Aufmerksamkeit erlebt;
das versteht,
jemanden gegenüber GANZ
DA ZU SEIN,
ohne schon an das zu denken,
was danach kommt.

Papst Franziskus

EINFACH SO

Von Freude überwältigt
ohne äußeren Anlass
für einen kurzen Augenblick
aller Sorgen enthoben

Im Innersten berührt
ohne ersichtlichen Grund
einen Moment lang
das wahre Glück fassen

Sich getragen fühlen
wie aus heiterem Himmel
ohne es zu verstehen
den Sinn erkennen

Für den Hauch eines Flügelschlags
eins
mit sich und der Welt

DU

Mein tiefstes Begehren
mein Sein, mein Werden
mein Ursprung und Ziel
mein Lieben und Leiden
meine wundeste Stelle

Meine Kraft, meine Freude
mein Glück, mein Erbarmen
meine Hoffnung, mein Halt
mein innigstes Verhältnis

KRAFT, DIE AUS DER STILLE KOMMT

Ich erkannte die Notwendigkeit der Stille. Denn nur in der Stille kann die Wahrheit eines jeden Früchte ansetzen und Wurzeln schlagen.

Antoine de Saint-Exupéry

ANKOMMEN

Ich will ankommen
bei mir,
vor dir.

Einfach da sein und wahrnehmen,
was mich umgibt:
Licht und Schatten,
Farben und Formen,
Pflanzen und Gegenstände,
Geräusche und Stille.
Ich will spüren, dass ich bin.

Lass mich ankommen
bei mir,
vor dir.

Ganz da sein und wahrnehmen,
was mich bewegt,
was mich erfreut oder belastet,
was mich fördert oder überfordert,
was mich einengt oder frei macht.
Ich will sehen, wie ich bin.

Ich will ankommen
bei mir,
vor dir,

ausruhen unter deinem zärtlichen Blick,
aufatmen in deiner liebenden Gegenwart.

SICH IN DER STILLE SAMMELN

„Wenn du stille würdest, wäre dir geholfen", so drückte es Meister Eckhart aus. Still sein ist mehr als schweigen und nichts tun. Das Wort „Stille" kommt von stellen, stehen bleiben. Damit es in uns still werden kann, müssen wir stehen bleiben, anhalten. Das geht nicht im Vorbeigehen oder wenn wir in Eile sind. Es braucht Zeit, bis es leise wird in uns. Es braucht Geduld, bis die Stille zur Vertrauten wird und uns zur inneren Mitte führt.

Die Kraft der Stille liegt im aufmerksamen Dasein und Hören. Wir erfahren viel über uns selbst, wenn wir den Lärm der Welt draußen lassen und nach innen hören. Unsere Sehnsüchte und Ängste, unsere Träume und Hoffnungen, die in der Hektik des Alltags oft untergehen, kommen zum Vorschein. In der Stille kann sich unser Geist wieder sammeln und beruhigen. Blaise Pascal war der Meinung: „Das ganze Unglück der Menschen rührt allein daher, dass sie nicht ruhig in einem Zimmer zu bleiben vermögen."

Wer es nicht gelernt hat, die Stille auszuhalten und mit sich alleine zu sein, läuft Gefahr, sich selbst zu verlieren. Still sein, schweigen und in sich hineinhören will geübt sein. Es kommt nicht selten vor, dass in der Ruhe und Stille zunächst einmal die innere Unruhe größer wird, dass im Hören auf das Leise die Gedanken immer lauter werden. Lassen Sie sich dadurch nicht verunsichern. Diese Erfahrung gehört dazu. Setzen Sie sich nicht unter Druck. Haben Sie Geduld. Mit der Zeit wird es Ihnen immer besser gelingen, zur Ruhe zu kommen und die Stille zu genießen.

ICH WILL SITZEN UND SCHWEIGEN
UND HÖREN, WAS GOTT IN MIR REDET.

Meister Eckhart

STILLE WIRD WERDEN

Wesentlich in dir verborgen,
wartet dein Werden still in dir.
Du bleibst dir fremd,
bist nicht in dir geborgen,
wohnst du nicht still im Jetzt und Hier.

Verwandt mit dem, der dich erschaffen,
berührt dich tief sein leises Wort –
in jener Stille, die aus ihm sich schöpft
und wirkt und wandelt immerfort.

UNSER GEIST
LIEBT DIE STILLE.

ÜBUNG

Auszeiten planen

Gönnen Sie sich ab und zu
einen Oasentag – ganz alleine mit sich selbst.

Am besten an einem ruhigen, geistvollen Ort.
Viele Klöster bieten dazu Gelegenheit,
sich in Stille zurückzuziehen,
an den Gebetszeiten teilzunehmen
und bei Bedarf mit einer Ordensschwester
bzw. einem Ordensbruder ein begleitendes
Gespräch zu führen.

ICH BIN BEREIT

Manchmal ist es Zeit, mit mir alleine zu sein.
Die Stille führt mich in die Tiefe. Ich bin mehr bei mir.
Ich sehe die Dinge wieder klarer
und erkenne, was wirklich wichtig ist.
Ich fühle mich Gott näher
und ahne, dass alles seinen Sinn hat.
Ich bin ein Teil vom großen Ganzen.
Ich bin gehalten und getragen.
Ich spüre, wie mir neue Kraft zuwächst.
Ich bin bereit für meinen Alltag.

Manchmal ist es Zeit, mit mir alleine zu sein,
um zu erkennen, dass ich nicht alleine bin.

Die Hilfe Gottes ist unser weiter Raum, der uns frei und fröhlich macht.

Martin Luther

WAHRNEHMEN

Die Gedanken loslassen
die Gefühle sein lassen
das Beurteilen zurücklassen

Die Dinge durchdringen
dahinterschauen
tiefer blicken

Der Stille lauschen
auf die Zwischentöne horchen

Den Duft des Lebens einatmen
die Schönheit der Welt einsaugen

Die Dinge von innen verkosten
den guten Geschmack entdecken

    Die Nähe des anderen spüren
    sich durch und durch lebendig fühlen

        Das Unauffällige beachten
        das Unscheinbare sehen
        das Unaufdringliche vernehmen

SPIRITUELLE KRAFTQUELLEN ENTDECKEN

Gott hat uns nicht erschaffen, um uns zu verlassen.

Michelangelo

DAS TEMPO VERLANGSAMEN

*Vielleicht ist es Zeit,
das Tempo zu verlangsamen,
zur Ruhe zu kommen,
in die Stille zu gehen.*

*Vielleicht ist es Zeit,
den eigenen Standort wahrzunehmen,
die Sehnsucht zu spüren,
den Kurs neu zu bestimmen.*

*Vielleicht ist es Zeit,
den inneren Impulsen zu trauen,
in meine Mitte zu finden,
meine Berufung zu leben.*

*Vielleicht ist es Zeit,
inneren Frieden zu finden,
Versöhnung zu wagen,
den ersten Schritt zu tun.*

*Vielleicht ist es Zeit,
Vergangenes hinter mir zu lassen,
nach vorne zu schauen,
neue Wege zu gehen.*

*Vielleicht ist es Zeit,
meiner Sehnsucht zu trauen,
meine Träume zu leben,
die Chancen zu sehen.*

*Vielleicht ist es Zeit,
mich Gott anzunähern,
auf seine Botschaft zu hören,
in seinen Spuren zu gehen.*

IM KRAFTFELD DER LIEBE

Jeder von uns hat seine eigenen Kraftquellen, die wir im Alltag nutzen, um aufzutanken. Wir schöpfen Kraft in der Natur und im Zusammensein mit Menschen, die uns gut tun. Wir pflegen unsere Hobbys, halten uns fit durch Sport und Bewegung und achten auf unsere Gesundheit, so gut es geht.

Viele Menschen praktizieren, unabhängig von der religiösen Überzeugung, Achtsamkeitsübungen und Meditationstechniken aus unterschiedlichen Kulturen wie Zen-Meditation, Yoga, Qi Gong und Tai Chi, Fantasiereisen, Mantra-Meditation und andere, um die innere Balance wiederzufinden bzw. nicht zu verlieren. Worin aber unterscheidet sich die christliche Spiritualität?

KRAFT
FINDEN IN
GOTT

Die Meditationsformen sind durchaus vergleichbar und führen hier wie dort zu mehr Ruhe und Gelassenheit. In der christlichen Spiritualität geht es jedoch um mehr. Im Mittelpunkt steht die persönliche und einmalige Beziehung des Menschen zu Gott, zu Jesus Christus. Meditation und Gebet sind Ausdruck unseres Glaubens und unserer Sehnsucht nach Gott. Es ist ein geistliches Tun, das aus dem Wunsch nach einer persönlichen Gottesbeziehung erwächst, vergleichbar mit unseren zwischenmenschlichen Beziehungen, wo wir auch unsere Zeit, unsere Gedanken und Gefühle mit dem geliebten Menschen teilen wollen. Glaube und Gebet gehören zusammen. Im betenden Dasein treten wir in das Kraftfeld Gottes ein, einen heiligen Raum, der über uns hinausweist. Gott selbst ist dieser Raum, in dem wir sein können, so wie wir sind, mit allem, was uns belastet und erfreut.

IN DER GEMEINSCHAFT MIT GOTT
FINDEN WIR RUHE UND GEBORGENHEIT.

In dieser Verbundenheit können wir einen Frieden spüren, den die Welt nicht geben kann *(nach Johannes 14,27)*. Die Gemeinschaft mit Gott ist das tragende Fundament, auf dem wir gelassen und zuversichtlich unseren Weg mit allen Höhen und Tiefen gehen können.

Auch in unserem geschäftigen Alltag können wir diesen inneren Frieden bewahren, indem wir mit Gott verbunden bleiben. Kurze Unterbrechungen und kleine Übungen helfen uns dabei, den Faden nicht abreißen zu lassen und Gott nicht aus dem Blick zu verlieren. Aber selbst dann, wenn uns das nicht immer so recht gelingt, müssen wir uns keine Sorgen machen, denn Gott verlässt uns nicht. Er bleibt mit uns verbunden, um uns zu segnen und zu schützen.

Trauen Sie dem, woran Sie glauben. Gehen Sie Gott nach. Sie dürfen darauf vertrauen, dass er Sie bereits gefunden hat.

NUR ZWISCHEN GLAUBEN UND VERTRAUEN IST FRIEDE.

Friedrich Schiller

ÜBUNG

Meine persönliche Gottesbeziehung

Stellen Sie eine brennende Kerze auf
als Symbol für Ihre innere Mitte.

Dann schreiben Sie auf einen kleinen Zettel
Ihren Namen auf als Symbol für Ihre Person und
positionieren ihn in Nähe bzw. Distanz zur Kerze.

Das meint, je mehr Sie sich im Gleichklang mit sich selbst
fühlen, desto näher legen Sie Ihren Namenszettel
in Richtung Kerze. Wenn Sie mit sich eher unzufrieden
sind und den Eindruck haben, momentan nicht im
Gleichgewicht zu sein, legen Sie den Namenszettel
entsprechend weiter entfernt zur Kerze,
dem Symbol Ihrer Mitte, hin.

*Überlegen Sie nicht lange,
sondern positionieren Sie Ihren Namenszettel
aus dem Bauchgefühl heraus.*

❧

Nun schreiben Sie auf einen zweiten Zettel wieder Ihren Namen, der auch jetzt wieder Sie als Person symbolisiert. Die brennende Kerze ist nun Symbol für Gott bzw. Jesus Christus.

Wie nah oder fern fühlen Sie sich im Moment auf Gott bzw. Jesus hin? Positionieren Sie dementsprechend Ihren Namenszettel in Nähe oder Distanz.

*Auch hier gilt: Vertrauen Sie Ihrem Bauchgefühl
und positionieren Sie sich spontan.*

Betrachten Sie nun beide Positionen.
Was fällt Ihnen auf?

Warum haben Sie sich dorthin platziert?
Was steckt dahinter? Gibt es einen Unterschied
mit Blick auf die momentane Beziehung zu sich selbst
und die Beziehung zu Gott / Jesus?

Wie hängt beides zusammen?

Nehmen Sie sich Zeit und lassen Sie Ihre Eindrücke und Erkenntnisse auf sich wirken, ohne sie zu bewerten.
Es ist, wie es ist.
Versuchen Sie zu verstehen, warum es so ist.

Anschließend gehen Sie ins Gebet, indem Sie mit Gott über sich selbst und Ihre Beziehung zu ihm reden. Erzählen Sie Gott / Jesus, was Sie bewegt, wo Sie stehen und vor allem, wonach Sie sich sehnen. Sprechen Sie von Ihren Bedürfnissen und Wünschen.

Dann gehen Sie ins Schweigen. Werden Sie still.
Hören Sie in die Stille hinein und bleiben Sie aufmerksam in der Gegenwart Gottes. Überlassen Sie sich Gott und seinem liebevollen, zärtlichen Blick.

Beenden Sie die geistliche Übung mit dem Vaterunser, einer Verneigung oder dem Kreuzzeichen.

NIE ALLEIN

Du bist nicht allein
weder heute noch morgen
weder in guten noch in schlechten Tagen
weder in der Freude noch im Leid
weder in der Betriebsamkeit noch in der Stille

Du brauchst nichts zu fürchten
weder den Tod noch das Leben
weder das Endgültige noch das Vergängliche
weder das Fremde noch das Vertraute

Du bist gesegnet
vom ersten Tage an
bis an dein Ende
und darüber hinaus

MIT GOTTES HILFE

Gott, der du mir zärtlich zugewandt bist,
lass mich deine Nähe spüren,
damit ich mich in dir behütet und geborgen
fühlen kann.
Entfache in mir die Leidenschaft für das Leben,
die mich stark macht im Engagement für andere.
Gib mir Kraft, loszulassen, was mich am Leben hindert,
damit ich mich frei entfalten kann.
Schärfe meinen Blick für die kleinen Wunder
des Lebens,
die mir im Alltag begegnen.
Zeige mir die Spuren deiner Gegenwart,
denen ich will folgen will.
Stärke mein Vertrauen in mich selbst und ins Leben,
damit ich meine Möglichkeiten zu nutzen lerne.

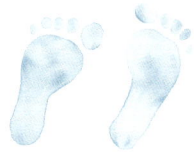

EIN FUNKE GENÜGT

Ich spüre eine Kraft in mir,
die mich davor bewahrt, mich aufzugeben.

Ich spüre eine Liebe in mir,
die bereit ist, zu vergeben und zu leiden.

Ich spüre eine Größe in mir,
die sich in meiner Schwachheit findet.

Ich spüre eine Sehnsucht in mir,
die mich lebendig hält und hoffen lässt.

Ich spüre eine Flamme in mir,
einen Funken des göttlichen Lichts.

ÜBUNGEN IM ALLTAG

Du brauchst Gott weder hier noch dort zu suchen. Er ist nicht ferner als vor der Tür deines Herzens.

Meister Eckhart

DEN TAG MIT DANK BEGINNEN

Wenn Sie aufwachen und noch bevor Sie aufstehen, danken Sie Gott für die Ruhe der Nacht und den neuen beginnenden Tag.

DEN ALLTAG
MIT GOTT LEBEN

SICH UNTER DEN SEGEN GOTTES STELLEN

Bevor Sie am Morgen das Haus verlassen, um zur Arbeit oder zum Einkaufen zu gehen, zeichnen Sie sich mit dem Daumen ein kleines Kreuzzeichen auf die Stirn, den Mund und das Herz mit der stillen Bitte: Gott, sei in meinem Denken, Reden und Tun, damit alles von Herzen kommt.

Auch Kinder lassen sich gerne segnen und ein kleines Kreuz auf die Stirn zeichnen. Dazu können Sie sagen: „Gott segne und beschütze dich, mein Schatz."

GELASSENER UNTERWEGS

Nehmen Sie Gott mit, wenn Sie zur Arbeit gehen, Ihre Einkäufe erledigen oder einen Arztbesuch machen. Bringen Sie mit Ihren Füßen Gott in die Welt, indem Sie ein paar Schritte auf seinen Namen gehen: rechter Fuß – „Je", linker Fuß – „sus". Es kann auch ein anderes Wort sein, eine Zusage oder Ähnliches: „Ich – du"; „Alles – gut"; „Geh – mit"; „Du – hier".

Finden Sie Ihr persönliches Ruhe-Wort, das Sie mit Gott verbindet. So bleiben Sie in Ihrem Tempo und kommen gelassener an Ihr Ziel.

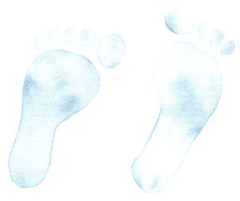

GOTTES GÜTE VERKOSTEN

Neben dem Tischgebet gibt es noch eine kleine Übung, die uns wieder auf den Geschmack Gottes bringen kann. Angelehnt an das liturgische Hochgebet in der Eucharistiefeier vor dem Empfang der Kommunion heißt es: „Kostet und seht, wie gut der Herr ist."

Verbinden Sie den Genuss einer guten Mahlzeit mit Gott. Lassen Sie sich das, was Ihnen besonders gut schmeckt, auf der Zunge zergehen und denken Sie dabei an das Gute, das Ihnen heute bereits geschenkt wurde.

Den Tag zurücklegen in Gottes Hand

Schauen Sie zusammen mit Gott zurück auf Ihren Tag und lassen Sie den Tag positiv enden:

Worüber habe ich mich heute gefreut?

•

Wofür bin ich dankbar?

•

Was ist mir heute gelungen?

BESSER EINSCHLAFEN

Wenn Sie nachts keine Ruhe finden und nicht einschlafen können, drehen Sie sich auf Ihre Einschlafseite und atmen Sie Ihr persönliches Ruhe-Wort oder Gottes Namen ein und aus: einatmen: „Jesus" – ausatmen: „Christus" oder „Erbarme – dich"; „Du – in mir", oder Ähnliches.

Sobald die Gedanken wiederkommen, hängen Sie sich nicht daran, sondern lassen Sie sie vorüberziehen wie Wolken am Himmel und atmen Sie im normalen Rhythmus Ihr Ruhe-Wort ein und aus.

STAUNEN LERNEN

An jedem Morgen erwartet uns das Geschenk eines neuen Tages, der einmalig ist und sich nicht wiederholen lässt. Auch wenn uns dies bewusst ist, scheint dennoch ein Tag oft wie der andere zu sein. Da gibt es wenig Abwechslung im Tagesablauf, bei der Arbeit und in den Begegnungen. Schnell schleicht sich Routine ein. Das Alltägliche ist nichts Besonderes mehr. Worüber sollte man da staunen? Über das saubere Wasser aus dem Wasserhahn, das frische Brot auf dem Frühstückstisch, die alte Eiche im Garten …? Was wir jeden Tag vor Augen haben, übersehen wir leicht. Es bedarf schon einer besonderen Aufmerksamkeit, um immer wieder über die Selbstverständlichkeiten des Lebens ins Staunen zu geraten.

STAUNEN BEDEUTET, DIE WELT MIT GOTTES AUGEN ZU SEHEN.

Ein stiller Moment kann helfen, die bekannten Dinge wieder neu zu betrachten, Vertrautes aus einem anderen Blickwinkel anzuschauen und mich von dem, was ich erwarte, überraschen zu lassen und festzustellen, dass der ganz banale Tag doch ein besonderer Tag ist, der vieles mit sich bringt, das staunenswert ist und mich dankbar sein lässt.

Die kleinen geistlichen Übungen schulen unsere Achtsamkeit auf Gott hin und machen uns empfänglicher für seine Gegenwart. Sie erinnern uns daran, dass Gott überall ist und mit uns geht. Auf diese Weise verbinden wir uns mit Gott und machen unseren Alltag selbst zum Gebet – unscheinbar, aber wirkungsvoll. So kommen Glauben und Leben ganz natürlich zusammen. Aus der Handlung des Betens wird eine betende Haltung, die uns innerlich verändert und gelassener werden lässt. So werden wir selbst zum Gebet, zum immerwährenden Lobpreis Gottes.

GOTT,
GIB MIR
DIE GELASSENHEIT,
DINGE HINZUNEHMEN,
DIE ICH NICHT ÄNDERN
KANN,
DEN MUT, DINGE ZU ÄNDERN,
DIE ICH ÄNDERN KANN,
UND DIE
WEISHEIT,
DAS EINE VOM ANDEREN
ZU UNTERSCHEIDEN.

Reinhold Niebuhr

Quellennachweis

Texte: S. 83 aus: Papst Franziskus, Enzyklika Laudato si, 226. © Libreria Editrice Vaticana; S. 87: aus: Antoine de Saint-Exupéry, Die Stadt in der Wüste, © 1956 und 2009 Karl Rauch Verlag, Düsseldorf, S. 123: Elisabeth Sifton, Das Gelassenheitsgebet. Erinnerungen an Reinhold Niebuhr. Aus dem Amerikanischen Englisch von Hartmut von Hentig, © Carl Hanser Verlag München 2001

Abbildungen: Cover, 25, 31, 44, 53, 58–60, 68–69, 80–82, 93, 106–108 (Landschaft): © Elenamiv – shutterstock.com; Cover, Vor- und Nachsatz, S. 10–11, 14–15, 26–27, 38–39, 48–49, 62–63, 74–75, 86–87, 112–113 (Fläche): © alexcoolok – iStock.com; Cover, S. 3, 4, 17 (Pusteblume): © TheMumins – shutterstock.com; Cover und Innenseiten(Fisch): © e2Press – shutterstock.com; S. 5, 21, 31, 78 (Springer, Hamsterrad): © snyGGG – stock.adobe.com; S. 5, 84 (Taube): © hiromaru – stock.adobe.com; S. 6, 7, 8, 9, 40, 67, 110, 114, 115, 117, 120 (Herzen, Kleeblätter, Fußspuren, Taube, Lufballons, Mond): © izumikobayashi – stock.adobe.com; S. 6, 116 (Regenbogen): © likorbut – stock.adobe.com; S. 9, 119 (Hände): © kittikorn Ph. – stock.adobe.com; S. 10–11: © Tyler Olson – stock.adobe.com; S. 14–15: © Laura Pashkevich – stock.adobe.com; S. 26–27: © Patrick Daxenbichler – stock.adobe.com; S. 29: © faithie – stock.adobe.com; S. 34, 37, 102 (Blüte): © benjavisa – stock.adobe.com; S. 37 (Punkte): © doozydo – stock.adobe.com; S. 38–39: © S.Kobold – stock.adobe.com; S. 41, 44, 51, 69, 79, 93 (Hand, Spiegel, Smiley, Sterne, Uhr, Sonne, Blumen): © danielabarreto – stock.adobe.com; S. 46 (Baum): © topor – stock.adobe.com; S. 48 – 49: © Floydine – stock.adobe.com; S. 62 – 63: © Prod. Numérik – stock.adobe.com; S. 70 (Fisch): © pthub125896 – stock.adobe.com; S. 71, 114 (Baum): © Danussa – stock.adobe.com; S. 73, 118 (Herz mit Ähren): © yashroom – stock.adobe.com; S. 74–75: © Wolfgang Cibura – stock.adobe.com; S. 85 (Punkte): © Nata789 – stock.adobe.com; S. 86–87: © paladin1212 – stock.adobe.com; S. 91, 106 (Kerze): © VTauscher puredesign9 – stock.adobe.com; S. 95 (Baum): © JiSign – stock.adobe.com; S. 98–99: © Laura Pashkevich – stock.adobe.com; S. 100 (Schnecke): © makadamek – stock.adobe.com; S. 112–113: © Reicher – stock.adobe.com;